Kulturhistorische Betrachtungen
des Klabautermanns

Kulturhistorische Betrachtungen des Klabautermanns

Achtes Bändchen

Das Naturell des Klabautermanns
sowie die Dialogsagen der Gruppe
„Szene zwischen zwei bis drei Klabautermännern
und einem oder mehreren Menschen"

© 2014 Harmel, Siegfried:
Das Naturell des Klabautermanns sowie die Dialogsagen
der Gruppe „Szene zwischen zwei bis drei Klabautermännern
und einem oder mehreren Menschen".
In: Kulturhistorische Betrachtungen des Klabautermanns.
Achtes Bändchen.
Einband von Cornelia Harmel.
Das „Logo des KCfD" befindet sich im Besitz des Autors.
Satz, Umschlaggestaltung, Herstellung und Verlag: Books on Demand.
Norderstedt 2014. 40 Seiten.

ISBN 978-3-7322-7436-9

Inhalt

1. Das Naturell des Klabautermanns 7
   Wesenseigenschaften 7
   Natürliche und soziale Merkmale, Lebensumstände
   und Verhaltensweisen. 10

2. Szene zwischen zwei bis drei Klabautermännern
   und einem oder mehreren Menschen 21
   Zwei Klabautermänner an Bord. 21
   Die drei Klabautermänner 22
   Der Streit um die Priorität 23
   Das Schiff wird untergehen 24
   Zwei Klabautermänner
   unterhalten sich miteinander 26
   Die Klabautermänner zweier Schiffe unterhalten sich . 28

3. Literaturverzeichnis 31

Über den Autor 35

1. Das Naturell des Klabautermanns

Wesenseigenschaften

Der Klabautermann, die international bekannteste seemännische Sagen- und Spukgestalt, war jahrhundertelang ein ständiger Begleiter der Fahrensmänner und betrachtete sich häufig als den Ersten der Mannschaft.

Der seemännische Aberglaube war über Jahrhunderte weit verbreitet. *„Im Allgemeinen ist ja der berufsmäßige Schiffsmann im Kampfe gegen Sturm und Wolken furchtlos und kühn, aber das ständige Leben auf dem trügerischen Elemente und die ihn fortwährend umgebende Gefahr des Todes, nicht minder die häufig so wundersame Errettung schiffbrüchig gewordener Genossen in solchen Fällen, wo das bedrohte Leben nur noch am seidenen Faden hing, haben ihn allmählich in dem leicht erklärlichen Wahn bestärkt, dass auch in seiner schwimmenden Behausung übernatürliche Wesen bei dieser oder jener Begebenheit rätselhaften Charakters ihre Hand mit im Spiele haben müssen. Meistens handelt es sich hierbei um abergläubische Phantasiegebilde oder mythologische Vorstellungen, die eben da, wo die Ursachen eines ungewöhnlichen Vorkommnisses nicht unmittelbar deutlich vor Augen lagen, behufs Ergründung das Reich des Geheimnisvollen und Wunderbaren durchflogen. Ein anderer Teil jener schreckhaften Wahrnehmungen wurzelt dagegen in kritikloser Umdeutung tatsächlich gesehener Erscheinungen, die auf den naturgemäßen Einfluss von Wind und Wetter zurückzuführen sind."* [1]*

---

* Vgl. die Anmerkungen am Ende dieses Kapitels ab Seite 19.

Neben dem Schiffskobold kennt die Sage aber auch Süßwasserkobolde, wie sie CHRISTIAN schildert[2].

Das Bedeutendste am Klabautermann ist sein Auftreten in Zeiten von Gefahr und Tod. Dieses Motiv zeigt sich durchweg in allen Verbreitungsgebieten kraft seiner dominanten Natur als wohltätiger Geist und seiner Funktion als Verkünder von Unheil. *„Es ist offensichtlich, dass die Gefahren des Meeres übernatürliche Voraussetzungen von einem Bewahrer des Lebens und guten Wesen auf hoher See verlangen. Daher bezieht man sich auf ihn als einen Freund der Seeleute ... einen beschützenden Patron."*[3]

Man glaubte an den Klabautermann als guten Geist eines Schiffes und als Glücksbringer, der bei drohendem Verhängnis für Schiff und Besatzung helfend eingriff und der im Übrigen auch Fehler an Bord enthüllte. **Es bestand die Meinung, solange er zugegen sei, sei alles in Ordnung, denn ein Schiff mit Klabautermann könne niemals sinken.** In diesem Sinne ist die Mitteilung von CHRISTIAN aufschlussreich: *„In Wismar und Stralsund gingen in der Zeit vor Einführung der Dampfschiffe die neu angeheuerten Matrosen nur ungern an Bord, wenn sie den Klabautermann in dem Augenblick ihres Antritts nicht im Schiff klopfen hörten, denn das galt als ein Zeichen, dass die Fahrt keine glückliche sein würde."*[4]

Angesichts seines vorausschauenden Weitblicks sah man im Klabautermann einen Warner vor jeglicher Katastrophe. *WORM stellt fest: „De Klabaudermann kann in de Taukunft seihn un weit vörher, wenn dat Schipp ein Unglück bevörsteiht."*[5]. Er wurde auch als Schutzengel für das Schiff und seine Besatzung bezeichnet. BURKHARDT teilt uns mit, dass der Klabautermann, wenn er denn sein Schiff verließ, noch seinem besten Freund Bescheid gab (das war gewöhnlich der

Schiffszimmermann), damit dieser sich ebenfalls rechtzeitig in Sicherheit bringen konnte.[6] LOORITS stellt den guten Schiffspatron sogar als *„Abgesandten von Gott"*[7] vor.

Die Auffassung, nach der jedes Schiff seinen Klabautermann hat, ist am geläufigsten. Daneben wurde allerdings auch überliefert, *„dass einige Schiffe, aber nur wenige, einen Klabautermann an Bord haben."*[8]

Dem Hauskobold ähnlich bewacht er sein Schiff gut, denn es ist das „Haus des Seemanns". Seine Gegenwart wirkt wohltuend. Falls er fortginge, würde man in Seenot geraten oder gar Schiffbruch erleiden. Deshalb *„taten die Matrosen alles, was sie konnten, um den Klabautermann friedlich und gut gelaunt zu erhalten"*.[9]

Obwohl die meisten an seine Wohltätigkeit glaubten, wurde er trotzdem gefürchtet. So erschrickt in einer Sage der Schiffsjunge seinetwegen dermaßen, dass er zweimal stürzt.

Der Klabautermann ist zwar als Botschafter von Unglück und Tod bekannt, doch er selbst fügt den Seefahrern keinen Schaden zu. Insofern können wir uns bei der Beurteilung der Wesenszüge des Klabautermanns BUSS, der ihn einmal als *„unheilvollen Geist"* beschrieb[10], nicht anschließen. Auch dann nicht, wenn er ein „Befürworter" des Teufels sein soll und sich an Bord ein Freimaurer oder Teufelsbündler aufhält.

Eine Mecklenburger Sage beschreibt den Klabautermann mit dem Aussehen eines Teufels. Allein für Estland und Livland wurden vereinzelt Aussagen gefunden, wonach er tatsächlich der Teufel sei. BUSS stellt aber in seinem Überblick zum nahezu gesamten Klabautermann-Material fest, dass Belege fehlen, mit deren Hilfe man den Schiffsgeist als Teufel identifizieren könnte[11]. Er ist ferner davon „*überzeugt, dass der Prozess der Diabolisierung ... komplett durch Interessenverbände von außen durchgeführt wurde. Die Befürwortung des Glaubens an den Teufel durch die Kirche übte wahrscheinlich größeren Einfluss auf die Diabolisierung von freundlichen Kreaturen aus, als irgendein bewusster Versuch, solchen Aberglauben zu festigen, es könnte.*"[12]

Der Glaube, der Klabautermann sei ein Teufelsgeselle oder gar der Teufel selbst, war kaum verbreitet. Eine Ausnahme bildet in Erzählungen aus Island sein Stammvater, der Hausgeist oder Puck. In einer „*älteren Nordischen Erzählung wird der entsprechende Ausdruck púki auf einen aus der Hölle stammenden Geist angewandt, welcher daneben als Teufel, böser Feind oder als Gespenst (djöfull, fiandi, drangr) bezeichnet wird*"[13]. Und aus der Geschichte vom Bauern Hallgrimsson schlussfolgert MAURER, dass man deutlich sieht, „*wie hier der Hauskobold, der bei einem Herrn wohnt und ihm folgt, durch christliche Einflüsse in einen Teufel umgestaltet worden ist.*"[14]

Natürliche und soziale Merkmale, Lebensumstände und Verhaltensweisen

Zu den natürlichen und sozialen Merkmalen des Klabautermanns zählen – in Anlehnung an die letzte bedeutende wissenschaftliche Abhandlung über ihn[15] – seine Äußerungen, Bewegungen, Gewohnheiten, sein Wissen und lauterer Sinn, ebenso seine Sensibilität, seine Launen, seine schelmische Art und sein bisweilen sogar boshafter Charakter.

Alle Quellen bekunden, **dass der Klabautermann sich in der Sprache der Menschen äußert,** und zwar mit sanfter oder jammernder Stimme. Ist jedoch die Sicherheit des Schiffes gefährdet, ruft er laute Befehle und Warnungen aus. Mitunter soll er ächzende Laute hervorbringen, Kinderweinen nachahmen oder Vogelstimmen imitieren.

Höhnisches Gelächter, als Geringschätzung einer Tat der Menschen, deutet eine ganz andersartige Facette seines Charakters an. In einer estnischen Sage lacht der Geist, kurz bevor das Schiff sinkt. Darin könnte man einen bösartigen Charakterzug vermuten. Jedoch wird hier eher die **Ambivalenz seines Wesens** deutlich. HAHN erklärt dessen eigentümliche Doppelnatur: *„Der Klabautermann ist, wie oft dergleichen Hausgespenster, gut geartet, wenn er nicht geärgert wird. Zugleich aber muss doch sein Streben dahin gehen, die Fessel abzustreifen, die ihn an das Schiff bindet, deswegen seine Freude, wenn es untergeht, auch wenn er vorher die Menschen nach Kräften gewarnt hat."*[16]

Dem Schiffsgeist stehen vielfältige Bewegungsarten zur Verfügung. **Er geht zu Fuß, klettert auf Masten und Rahen, balanciert auf Tauen, springt des Öfteren kopfüber ins Wasser oder fliegt sogar vom Schiff weg.**

Andere Gewohnheiten des Klabautermanns betreffen das Essen und Trinken. Er isst gern gut, am liebsten Speisen vom Kapitänstisch. Um sich den Patron der Seefahrer geneigt zu machen, tischte man ihm auf Schiffen des frühen 18. Jahrhunderts stets ein Gedeck in der Back mit auf, Matrosen stellten ihm zur Nacht einen Teil ihres Lieblingsessens hin. Sie vermeinten, wessen Kost er annähme, dem wäre er besonders gut gesonnen. Allgemein bekannt war die Vorliebe des Klabautermanns für Grütze und Milch, denn für seine Arbeit soll er stets ein damit gefülltes Schälchen verlangt haben. Auch Rum und Wein sei er nicht abgeneigt gewesen[17].

Vielfach wird der Klabautermann Pfeife rauchend beschrieben, zumal dies Utensil als unabdingbarer Begleiter zu ihm gehörte.

Dem Klabautermann werden ausnahmslos hohes maritimes Wissen, seemännische Erfahrung und die Fähigkeit zu umsichtiger Vorausschau bestätigt. In Estland und Livland sagt man ihm nach, er kenne sogar den Standort von Schiffswracks auf hoher See.

Darüber hinaus verfüge er über ein ausgeprägtes Gespür für Rechtschaffenheit und Ordnung an Bord. *„Man glaubt deshalb auch, dass der Schiffsgeist ein übernatürlicher Gesetzeshüter ist, der verlangt, dass die Seeleute Exzesse vermeiden und tun, was richtig ist. Wenn ein spezielles Gesetz der Seefahrt gebrochen wurde, zögert der Schiffsgeist nicht, Strafen auszusprechen."*[18] Selbst der Kapitän ist davon nicht ausgenommen. Der Klabautermann züchtigt Bösewichte und beschützt unbescholtene Seemänner, wie etwa den armen Peter aus einer Helgoländer Sage.

Auf dem Schiff duldet der kleine Schutzpatron kein kriminelles Gelichter. Er jagt es von Bord oder verschwindet bei Anwesenheit eines ausgemachten Halunken unter der Besatzung bzw. bei einem auf dem Schiff begangenen Verbrechen. Es wird auch berichtet, er habe eingegriffen, als üble Strolche sich einschlichen. Weiter erfahren wir, wie sehr sich der Klabautermann über fluchende, saufende und raufende Matrosen empört. Bei derartig grobem Gebaren bringt er das Schiffsvolk gehörig zur Räson oder verlässt das Schiff. Ferner erteilt er denjenigen einen Denkzettel, die sein Essen stehlen. Auch das Kartenspielen an Sonntagen kann er nicht verzeihen. Man war überzeugt, der Klabautermann würde dort, wo ein Einzelner oder eine Gruppe sich widerrechtlich die Macht an Bord angeeignet hatte, die alte Ordnung wiederherstellen. Die Missbilligung, welche in den Klabautermann-Sagen gegen solche von den moralischen und christlichen Normen abweichenden Verhaltensweisen zum Ausdruck kommt, entspricht einem geradezu biblischen Redlichkeitssinn des Schiffsgeistes, der sich manchmal förmlich *„als ein Schutzgeist mit christlichem Moralstandard"* profilierte[19]. Auf etwas einfacherer Ebene fasst MÜLLER zusammen: *„Der Klabautermann ... ist an sich wie der gute Geist des Fleißes, des Gewissens, des Gehorsams und der Treue zwischen Schiffsherrn und Matrosen. Verfallen aber diese Tugenden, so flieht er ebenfalls und das Verderben naht."*[20]

Der Klabautermann waltet in den volkskundlichen Quellen vornehmlich als wohltätiges Wesen, zeichnet sich jedoch daneben durch eine sensible und launische Art aus. Hierin unterscheidet er sich nicht von anderen Sagengestalten (Geistern und Schelmen) seines Verbreitungsgebietes. So wird er als sehr empfindlich geschildert, wenn Unglaube auf dem Schiff herrscht oder man ihn veralbert. Ausgesprochen erbost soll er reagieren, sofern man seine Hilfe nicht würdigt. Überdies sei er leicht zu verstimmen. Anstatt ihn zu verärgern, sollte man vielmehr sein Wohlwollen anstreben. Zwar hilft er an Bord, reizt aber selber die Seeleute, je nach seiner Stimmung.

Laut RODER war der Klabautermann *„ein Spukgeist, der unsichtbar seinen Schabernack trieb"*. Er *„beobachtet die Männer bei der Arbeit und neckt sie so, dass sie vor Schreck ihr Werkzeug fallen lassen"*,[21] hindert sie bei der Arbeit und verteilt unsichtbare Ohrfeigen. **Er foppt sie nicht nur, sondern spielt ihnen auch kecke Streiche. Der Klabautermann ist manchmal ein rechter Schalk, der die Crew belästigt.** GERNDT zählt zu derartigen Scherzen und Schelmereien, dass der unsichtbare

Geist im Ruderhaus das Licht löscht, den Schiffshund traktiert oder seekranke Passagiere nachäfft[22]. Wenn ein Passagier an Bord seekrank ist, soll es vorgekommen sein, dass der Klabautermann *„mit herzbrechender Miene sich ebenfalls in den Kübel erbricht".* [23]

Bei schlechter Laune soll er sogar Taue und Segel gelöst haben. *„Wenn ein Klabautermännchen ärgerlich war, dann polterte es überall im Schiff, es ächzte und zitterte in allen Fugen, die Kisten und Tonnen der verstauten Ladung wurden mit Gepolter durcheinandergeworfen."*[24] Niemand durfte es wagen, in den Laderaum hinabzusteigen, da er von einer Kiste getroffen werden konnte. Oder, wenn die Matrosen dem Klabautermann *„etwas zu Leide getan oder ihn verhöhnt* (haben), *dann macht er des Nachts einen Lärm, dass keiner ein Auge zutun kann. Er wirft mit Rundhölzern und Geräten umher, dass es nur so kracht, alles um die Ruhe der Leute zu stören".*[25] Auch ein ernster Racheakt ist uns von den Inseln Amrum und Sylt überliefert worden. Solch eklatanter Fall trat ein, als der Zimmermann dem Klabautermann mit einem Holzkloben ein Bein zerschmetterte, worauf der Schiffsgeist dem Übeltäter eine Falle stellte, weshalb dieser sich ebenfalls ein Bein brach.

Vom Ausbessern ihrer oft schäbigen Kleidung – so ist zu lesen – wollen Klabautermänner gar nichts wissen. Aber man darf sie darum weder liederlich nennen noch ihnen helfen, sonst verlassen sie beleidigt das Schiff. *„Nur wenn man tut, als sähe man die Unordnung nicht, werden sie heimisch."*[26]

Zum Naturell des Klabautermanns gehören außerdem Wesenszüge, die mehrfach als gewalttätig und bösartig ausgelegt wurden. **Der Schiffsgeist ist schnell aufgebracht und mag nicht zum Narren gehalten werden.** Wer seinen Stolz verletzt, den verprügelt er, stellt ihm ein Bein oder hängt ihn in die Rahen. Einmal wird ihm ein brutaler Charakter zugeschrieben, weil er einen Seemann umbringt, der ihn schikaniert hatte. In Estland hieß es, man solle ihn nicht erzürnen während er am Klopfen ist, sonst könne er Unglück über das Schiff bringen.

Es heißt obendrein, sein Temperament lasse ihn häufig mit anderen Schiffsgeistern Wortgefechte austragen, die manchmal in Prügeleien übergingen.

Der Schiffsgeist bedient in der Überlieferung die unter Seefahrern gängige Meinung, Frauen an Bord brächten Unheil. Im Besonderen richtet sich seine Aversion gegen Nonnen, welche für bedrohliches Wetter verantwortlich seien. Und das, obwohl er selbst schon mal in Gestalt eines jungen Mädchens erschienen sein soll!

Seeleute vermeiden es tunlichst, an einem Freitag auf Fahrt zu gehen. Angeblich ereigneten sich da die meisten Schiffbrüche, weil *„dann die Nixen das Wasser peitschen"*[27]. Der Klabautermann soll seinen Einfluss aber genauso gut auf Schiffen ausüben können, die an einem Montag in See stechen.

Bei Unfällen oder Todesfällen an Bord gaben die Matrosen nicht selten heimlich dem Schiffskobold die Schuld. Er galt als vorausahnender Todesbote. Denn nahte das Ende eines Seemanns, *„zeiget sich in den Masten und Rahen einige Tage vorher ein bläuliches Licht, das immer auf und nieder tanzt"*. Darauf sagten die Männer: *„Dann kommt der Klabautermann bald und holt sich sein Opfer."*[28]

Des Weiteren wird mitgeteilt, der Unsichtbare gehe mitunter an Land, wo er im Haus des Kapitäns oder Reeders auf dem

Boden oder im Lager rumort und damit ein Zeichen für die baldige glückliche Heimkehr ihres Schiffes gibt.

Der Klabautermann unterhält in der Regel freundschaftliche Beziehungen zu den Menschen. Besondere Sympathie hegt er für den Kapitän, aber auch für andere Personen an Bord, wie seine Handlungsweisen zeigen.

Mitunter entgingen Schiff und Crew dem Verderben nur, weil einer der Mannschaft dem Gespräch von Klabautermännern zuvor gelauscht hatte.

Wie allgemein bekannt, tafelt der kleine Schutzpatron gern mit dem Kapitän beim Wein.[29] Die Freundschaft zum Schiffsführer überstrahlt sogar den Diebstahl seines Essens; dem Schiff und der Besatzung diente er nach einem derartigen Vorkommnis trotzdem weiter.

Er hilft den Fleißigen und denen, die ihm Respekt zollen. Einem redlichen Seemann, der das Schiff wechselt, gibt er ein Erkennungszeichen mit, damit der Klabautermann des neuen Schiffes ihm sofort wohlgesinnt sei.

Vielfach besteht die Ansicht, der Klabautermann gehöre mehr zum Schiffer als zum Schiff. Seine vermeintliche Anwesenheit beruhige jedenfalls die Fahrensleute und sorge für gute Gesinnung unter ihnen. Man war überzeugt, er wache über Besatzung und Schiff, *„z. B. kriggt de Rodersmann, wenn he inslöppt, von em week an't Muul"*.[30]

Fielen einem Steuermann vor Müdigkeit die Augen zu, dann zupfte der Schiffskobold ihn an der Jacke oder am Bart und gab ihm eine Ohrfeige, falls er nicht schnell genug munter wurde. Überhaupt verteile der Klabautermann gern Maulschellen, ist wiederkehrend in den Sagen zu finden.

„Weh den Faulpelzen, die faul ihn allein wollen die Arbeit tun lassen: die quält und plagt er Tag und Nacht, und kneift und knufft sie blau und braun."[31] Er bringt sie auf Deck zu Fall, schlägt sie an die Waden und wirft ihnen schon mal eine Pütz Seewasser in die Augen. Seeleute, *„die Teer und Werg verloren oder keines mehr hatten, lernten den Klabautermann von einer ganz anderen Seite kennen"*.[32] Erreicht er es nicht, Arbeitsscheue und Trotzige zu flinken und fleißigen Matrosen zu machen, zeigt er sich ihnen und schneidet Gesichter, als allbekanntes Zeichen, wonach es mit den Männern bald aus ist.

Wie aus verschiedenen Sagenfassungen hervorgeht, ist eine **Kommunikation des Klabautermanns mit anderen Geistern** möglich, beispielsweise wenn Schiffe sich begegnen oder im Hafen längsseits nebeneinanderliegen.

Manchmal streiten die Klabautermänner, wer von ihnen die schwierigere Arbeit während der letzten Fahrt verrichtet habe. Problematisch wird es, sobald sich wegen besonderer Umstände, z. B. durch den Einbau von unterschiedlichen Hölzern, zwei oder mehr Klabautermänner an Bord befinden und aneinandergeraten. Dann muss ein Seemann, in der Regel der Kapitän, schlichtend eingreifen. An Bord kann nur einer das Sagen haben, die anderen müssen weichen. Um sein Schiff zu beschützen, soll der Klabautermann sich gar mit anderen Kobolden geschlagen haben.

Den Sagen nach besitzt der Spukgeist absonderlich anmutende Kameraden: die Ratten. Sie stehen in seinem Dienst, schaffen für ihn unter seiner Kontrolle und vertreten im Laderaum seine Stelle. Der Klabautermann gewährt ihnen Schutz und sie dürfen seine Leckerbissen ungestraft verzehren.

Verlässt er den Segler, gehen die Ratten mit, denn sie sind seine Gefährten. Er bringt sie bei einer Strandung sogar von Bord. Sprichwörtlich verlassen ja die Ratten als Erste das sinkende Schiff. Ihre Voraussicht ist allbekannt. Da auch der Klabautermann das dem Untergang geweihte Schiff in der Regel vor den Seeleuten verlässt, besteht diesbezüglich zwischen beiden eine gewisse Übereinstimmung. BUSS stellt fest: *„Die Verbindung des Klabautermanns mit Ratten stellt wahrscheinlich den merkwürdigsten Glauben dar, was seine Verbindung mit anderen Wesen betrifft ... Wie auch immer die Verbindung zwischen dem Schiffsgeist und diesem Tier sein mag, man muss herausstellen, dass Ratten in der Volkskunde auch als Wahrer des Lebensindex der Seele bekannt waren (Seelentier)."*[33]

Anmerkungen

1. Kunze; S. 130–131, ist eine Literaturangabe. Die einzelne Quellenangabe bietet den Hinweis auf den Verfasser und die angegebene(n) Seite(n). Dabei gibt der Name den Autor im alphabetisch geordneten Literaturverzeichnis an. Wenn wir nicht Bezug auf das ganze Werk nehmen, ist dies durch konkrete Seitenzahlen vermerkt. Ist ein Autor mit mehreren Titeln vertreten, so werden diese durch die Angabe der Erscheinungsjahre eindeutig gekennzeichnet. Im vorliegenden Bändchen wird dort, wo nicht explizit auf einen Verfasser abgestellt wird und es sich um relativ allgemeine, mehrfach belegte Aussagen handelt, keine gesonderte Quellenangabe vorgenommen.
2. Christian
3. Buss; S. 57
4. Christian; S. 223
5. Worm; S. 32
6. Burkhardt; S. 371
7. Loorits; S. 79
8. Gerndt; S. 120, vgl. aber auch Jahn; S. 95
9. Philippsen; S. 35
10. Buss; S. 57
11. Buss
12. Buss; S. 58
13. Maurer; S. 28
14. Maurer; S. 29
15. Buss
16. Hahn; S. 179
17. Müllenhof; S. 320, Philippsen; S. 118
18. Buss; S. 49
19. Buss; S. 50

[20] Müller; S. 95
[21] Roder; S. 136
[22] Gerndt; S. 123
[23] Kunze; S. 132
[24] Jensen; S. 416
[25] Johansen; S. 268
[26] Blunck; S. 116
[27] Karlinger und Wolf; S. 97
[28] Diederichs und Hinze; S. 32
[29] Beckmann; S. 290, Müllenhoff; S. 20, Philippsen; S. 118
[30] Wossidlo 1943; S. 230
[31] Heims; S. 105
[32] Wiese; S. 33
[33] Buss; S. 56

Bearbeiteter Auszug aus:
Harmel, Siegfried: Der sagenhafte Klabautermann.
Verlag Books on Demand. Norderstedt 2008. 176 Seiten.
ISBN: 978-3-8370-3086-0

2. Szene zwischen zwei bis drei Klabautermännern und einem oder mehreren Menschen

Zwei Klabautermänner an Bord[*]

Auf einem Schiff waren zwei Klabautermänner. Sie gerieten miteinander in Streit, wer von ihnen das Recht habe, auf dem Segler zu sein. Zuletzt gingen sie deshalb zum Kapitän. Der fragte: „Wer von euch ist zuerst da gewesen?"

„Ich kam aufs Schiff, als man das Kielschwein legte", sagte der eine.

„Ich kam, als man den Vormast aufstellte", erklärte der andere.

Der Kapitän dachte nach, wem es wohl vorteilhafter sei Recht zu geben. Gibt man es diesem, der kam, als man den Vormast aufstellte, so geht der andere mitsamt dem Kielschwein fort. Und er entschied: „Derjenige bleibt auf dem Schiff, der kam, als man den Kiel legte." Der andere Klabautermann ging daraufhin gleich mit Mast und Segeln fort, so dass es krachte.

---

[*] *nach:* **Loorits,** Oskar: Der norddeutsche Klabautermann im Ostbaltikum. Gelehrte Estnische Gesellschaft. Tartu 1931. In: Sitzungsberichte der Gelehrten Estnischen Gesellschaft 1929. S. 76–125. S. 102.

Die drei Klabautermänner*

Ein Schiff fuhr einst von Rostock nach Amsterdam. Als es an Helsingör vorbeisegelte, passierte etwas im Innenraum, was niemand begreifen konnte. In stillen Nächten war dort ein Spektakel und Getöse zu hören, wovon das Schiffsvolk geradezu närrisch wurde. Aber wenn man nachsah, war nichts zu finden. Das dauerte wohl eine ganze Woche, dann standen auf einmal drei kleine Kerle vor dem Kapitän und verlangten, zwei von ihnen müssten von Bord und er solle bestimmen, wen er behalten wolle.

Das verwunderte den Schipper und er fragte, wer sie denn überhaupt seien. Daraufhin erklärten die drei, sie seien Klabautermänner. Sie hätten sich zerstritten und deshalb im Zwischendeck rumort, könnten sich aber nicht wieder vertragen. Darum müssten zwei unbedingt vom Schiff verschwinden. Nun erkundigte sich der Kapitän, was sie denn an Bord auszurichten hätten.

Da sagte der Erste: „Der Großmast ist gebrochen. Ich helfe ihn halten, damit er nicht fällt!"

Sodann wandte sich der Kapitän an den Zweiten.

Der antwortete: „Der Vordersteven ist brüchig, den helfe ich zusammenzuhalten, damit er nicht auseinanderfällt!"

„Ich habe das zerbrochene Ruder gehalten, sonst wäre es verloren gegangen", meldete sich der Dritte.

„Mitten auf See", sprach der Kapitän, „kann ich keinen von Bord weisen. Wartet, bis wir wieder an Land sind, und kommt

---

* *nach:* **Wossidlo**, Richard: Reise, Quartier in Gottesnaam. Das Seemannsleben auf den alten Segelschiffen im Munde alter Fahrensleute. Bd. II. Carl Hinstorff Verlag. Rostock 1951. 317 Seiten. S. 284.

dann wieder, dann sollt ihr Bescheid erhalten, wer bleiben kann. Geht nun an eure Arbeit und vertragt euch besser!"

Sie gingen und von da an war es in den Nächten wieder still im Schiff. In Amsterdam ließ der Schiffer sein Fahrzeug gleich im Trockendock untersuchen: Großmast, Steven und Steuer waren tatsächlich gebrochen.

In der nächsten Nacht kamen die drei Kleinen und fragten den Kapitän: „Wen von uns wollt Ihr behalten?"

„Den, der das Ruder gehalten hat", entschied der Schipper. „Er hat den schlimmsten Posten gehabt; er soll bleiben. Ihr beiden anderen könnt gehen."

Darauf erwiderten die Klabautermänner: „So können wir nicht frei werden ohne Dank und ohne Lohn!" Der Kapitän fragte sie darauf: „Was wollt ihr denn haben?"

„Einen roten Anzug", war die Antwort. Als sie den bekamen, zogen sie zufrieden von dannen.

Der Streit um die Priorität[*]

Auf einem Schiff befanden sich zwei Putermänner. Sie gerieten untereinander in Streit, wer von ihnen das Recht habe, auf dem Schiff zu sein. Da gingen sie den Kapitän fragen, wer Recht habe. Der erkundigte sich: „Wer von euch ist zuerst auf das Schiff gekommen?"

Der eine sagte: „Ich kam zuerst. Ich kam damals, als man das Schiff aufs Wasser zu bringen begann."

---

[*] *nach:* **Loorits**, Oskar: Der norddeutsche Klabautermann im Ostbaltikum. Gelehrte Estnische Gesellschaft. Tartu 1931. In: Sitzungsberichte der Gelehrten Estnischen Gesellschaft 1929. Seiten 76–125. S. 101–102

Der andere fiel ein: „Ich kam schon, als man den Kiel legte, als man den ersten Span schlug." Der Kapitän gab dem Zweiten Recht und dieser blieb auf dem Schiff.

Zu dieser Sage gibt es die folgende Variante:

Auf einem Schiff waren zwei Putermänner. Sie gerieten in Streit, wer von ihnen das Recht habe, auf dem Schiff zu sein. Sie gingen zum Kapitän, um die Entscheidung zu erhalten. Der Kapitän fragte: „Wer von euch war zuerst hier?"
 Der eine sagte: „Ich kam, als man den Kiel anbrachte."
 Der andere erklärte: „Ich kam, als man den Vormast setzte."
 Der Kapitän gab demjenigen Recht, der gekommen war, als man den Kiel anbrachte. Der andere ging zusammen mit dem Mast fort.

Das Schiff wird untergehen[*]

Nach langer Fahrt war ein Schiff glücklich in den Hafen eingelaufen und am nächsten Tag sollte mit dem Löschen der Ladung begonnen werden.

Des Abends stand oben auf dem Deck ein wackerer Matrose und dachte an seine Lieben daheim, die er nun bald sehen sollte. Da hörte er plötzlich eine Stimme, die nach einem der nahe liegenden Schiffe gerichtet war, von wo eine ganz ähnliche Stimme antwortete und von drüben fragte: „Habt Ihr eine

---

[*] *nach:* **Philippsen**, Heinrich: Sagen und Sagenhaftes der Insel Föhr. Gesammelt von H. Philippsen. Verlag von H. Lühr & Dirks. Garding 1911. 80 Seiten. S. 35.

glückliche Reise gemacht?" Die erste Stimme antwortete: „Ja, sie ging glimpflich ab, aber was habe ich auch für Arbeit gehabt! Wo wären die Masten, wenn ich sie nicht gestützt hätte, und wo die Segel, wenn ich sie nicht gehalten hätte! Und dann musste ich die lecken Fugen unten im Schiffsraum verstopfen, damit wir nicht untergingen. Wäre ich nicht an Bord gewesen, so gäbe es das Schiff nicht mehr. – Aber ich mag hier nicht länger sein, denn der Kapitän und die Matrosen schreiben die schnelle und glückliche Fahrt allein i h r e r Tüchtigkeit zu und vergessen mich. Heute Nacht werde ich dieses Schiff verlassen."

Der Matrose, der im Schutze der Dunkelheit unbemerkt geblieben war, wusste jetzt, dass zwei Klabautermänner sich heimlich miteinander unterhielten. Er blieb so lange ruhig in seinem Versteck, bis alles still wurde. Am nächsten Morgen hatte er nichts Eiligeres zu tun, als von dem Schiff zu flüchten, auf welchem das Glück nun fort war, und sich nach einer anderen Heuer umzusehen.

Das Schiff stach nach einiger Zeit wieder in See, hat aber seinen Bestimmungsort nicht erreicht, sondern ist mit Mann und Maus untergegangen.

Die Oldenburger Variante liest sich wie folgt:[*]

Einst war ein Steuermann aus Ostfriesland an Bord eines englischen Schiffes, welches im Hafen von Stockholm vor Anker lag. Abends ging er aufs Deck, um ein wenig frische Luft zu

---

[*] *nach*: **Strackerjan**, Ludwig: Aberglaube und Sagen aus dem Herzogtum Oldenburg. Bd. I. Verlag von Gerhard Stalling. Oldenburg 1867. 517 Seiten. S. 487.

genießen; da sah er am Heck ein kleines rotes Männchen und ein gleiches auf dem nächstliegenden Schiffe. Er merkte wohl, dass es zwei Klabautermännchen waren, und betrachtete sie neugierig, als die beiden mit einem Male ein Gespräch begannen. „Gehst du mit mir in See?", fragte der auf dem andern Segler. „Nein", antwortete derjenige auf des Steuermanns Seite, „ich bleibe im Kanal; dort geht das Schiff unter."

„Halt", dachte der Steuermann, „wenn es so steht, gehst du wenigstens nicht mit!" Am andern Morgen erzählte er dem Kapitän sein Erlebnis, dieser aber und die ganze Mannschaft lachten ihn aus. Der Steuermann ließ sich jedoch nicht irremachen, nahm seinen Abschied von dem Schiff und ging auf ein anderes.

Als er seine Reise beendet und seinen Bestimmungsort erreicht hatte, erhielt er dort die Nachricht, dass sein früherer Pott mit Mann und Maus im Kanal untergegangen sei.

Zwei Klabautermänner unterhalten sich miteinander[*]

Einstmals lagen zwei Schiffe nebeneinander vor Anker. Eines Nachts hörte der am Bug Wachhabende, wie jemand am Heck fragte: „Hör mal, wie steht es mit eurem Schiff? Auf unserem ist alles heil und fest."

„Auf unserem ganz und gar nicht, denn der Mast ist dermaßen vermodert, dass er bei etwas stärkerem Wind mitsamt

---

[*] *nach:* **Loorits**, Oskar: Der norddeutsche Klabautermann im Ostbaltikum. Gelehrte Estnische Gesellschaft. Tartu 1931. In: Sitzungsberichte der Gelehrten Estnischen Gesellschaft 1929. Seiten 76–125. S. 83.

den Rahen fallen wird." So lautete die Antwort vom anderen Schiff.

Der Wachtposten stand seine Stunden ab, bis ein anderer an seine Stelle kam. Am Morgen erzählte er das Gehörte dem Kapitän des Nachbarschiffes. Dieser ließ gleich den Mast rundherum freilegen und sah nach – der Mast war wirklich vermodert. Sofort bestellte der Kapitän einen neuen, erst dann durfte das Schiff auslaufen.

Es waren Potormänner gewesen, die das Gespräch geführt hatten.

Eine Variante derselben Sage hat eine erstaunliche Einleitung:

In uralten Zeiten konnten die Kapitäne sich zum Schutz ihrer Schiffe vor gefährlichem Sturm einen Schiffsgeist sogar kaufen.

Einmal nun traf es sich, dass bei Windstille zwei Segler nahe beieinanderlagen, wodurch die Kapitäne sich von Bord zu Bord unterhalten konnten. Auch die Schiffsgeister redeten auf solche Weise miteinander. Der eine fragte den anderen: „Wie geht es dir denn so?" Dieser antwortete: „Schlecht; die Arbeit ist sehr schwer. Ein Mast ist nämlich so verfault, dass man ihn bei jedem Sturm halten muss."

Den Wortwechsel hörte der Kapitän des besagten Schiffes mit an. Als er dann den Mast untersuchte, war der wirklich morsch. Der Kapitän ließ ihn im Hafen sofort erneuern.

Die Klabautermänner zweier Schiffe unterhalten sich[*]

Einmal lag in einem Hafen ein großes, altmodisches Segelschiff. Es sollte bald eine lange Reise unternehmen. Der Kapitän und die Matrosen waren alle an Land, nur der Koch blieb allein an Bord. In der Nacht hörte er zwei Potermänner an der Reling miteinander sprechen. Der erste fragte: „Nun, wie geht es bei dir, ist das Schiff immer noch heil?" Der andere antwortete: „Bis jetzt ging alles recht gut, aber man wird sehen, was später geschieht, denn unser Schiff will eine lange Fahrt antreten, doch der Großmast ist unten ganz morsch. Die Schiffsleute wissen das selbst nicht einmal. Wenn sie es wüssten, würden sie keine Lust haben, mit diesem Schiff irgendwohin zu fahren." Die Potermänner unterhielten sich noch über Verschiedenes und der Koch spitzte die Ohren.

Am Morgen erzählte er, was er aufgeschnappt hatte. Da ging man den Mast untersuchen und fand auch wirklich, dass er verfault war. Darum unterblieb die weite Reise so lange, bis ein neuer Mast errichtet war.

Das Schiff wurde durch das Gespräch der Potermänner gerettet.

Zu dieser Sage haben wir drei Varianten gefunden:

Variante 1:
Die estnischen Seeleute wissen zu erzählen, dass der Klabautermann ein Meergeist ist, der auf einem Schiff fährt. So lagen

---

[*] *nach:* **Loorits**, Oskar: Der norddeutsche Klabautermann im Ostbaltikum. Gelehrte Estnische Gesellschaft. Tartu 1931. In: Sitzungsberichte der Gelehrten Estnischen Gesellschaft 1929. Seiten 76–125. S. 116–117.

in Riga am Quai zwei estnische Schiffe. Am Abend nach der Arbeit gingen alle Männer in die Stadt, außer einem, der zur Wache blieb. Die Schiffe standen fast mit dem Heck gegeneinander.

In der Nacht hörte der wachhabende Matrose vom Bug her, wie am Heck des Schiffes gesprochen wurde: „Guten Tag, guten Tag!" „Na, guten Tag, wie geht es, wie war die Reise?" „Meine verlief ganz gut, aber wie erging es dir?" „Mir erging es recht schlecht, den ganzen Weg über hielt ich den Schiffsmast, damit er nicht umstürze: Das Wetter war stürmisch und das untere Ende des vorderen Mastes weich wie Gallert."

Der Wächter schlich, nachdem er dieses Gespräch belauscht hatte, ans Heck, um nachzusehen, wer da sprach, erblickte aber nirgends eine Menschenseele, weder auf seinem Schiff noch auf dem anderen.

Am Morgen erzählte er die nächtliche Begebenheit seinen Leuten und fragte auch die des anderen Seglers, wer in der Nacht so gesprochen hatte. Die Männer des Nachbarschiffes waren aber auch an Land gewesen und nur einer hatte auf dem Schiff geschlafen.

Da ging man nach unten in den Laderaum, um das untere Ende des Mastes zu besehen. Es war auch wirklich weich und faul. Das Schiff konnte so nicht ausfahren, sondern musste erst einen neuen Mast erhalten.

Es war also das Gespräch der Schiffsgeister gewesen, welches der wachhabende Matrose mitgehört hatte.

Variante 2:
Die Potermänner zweier Schiffe gerieten im Hafen in Streit. Der eine klagte: „Ich habe auf dem Meere große Not, ich muss den Fockmast halten!" Der andere versetzte darauf:

„Ach, was jammerst du? Dir fehlt gar nichts, alles ist doch bei euch heil!"

Ein Matrose hatte das Gespräch angehört und gab es dem Kapitän wieder. Dieser sah am Morgen nach: Ja wahrhaftig, der Fockmast war verfault.

Variante 3:
Zwei Schiffe lagen im Hafen nebeneinander. Der Wächter des einen spazierte nachts an Deck auf und ab. Plötzlich vernahm er folgendes Gespräch:

„Uns geht es schlecht. Schon bei der letzten Reise wäre beinahe ein Unglück geschehen. Zwei bis drei Planken sind los, die Nägel verrostet. Einmal wollten sie mir schon aus der Hand gleiten, aber ich hielt und hielt. Wenn wir jetzt nicht ins Dock gehen, so ist es aus mit uns."

„Uns geht es gut", sagte der Putermann des anderen Schiffes.

Am Morgen erzählte der Wachhabende dem Kapitän, was er in der Nacht gehört hatte. Der ließ nachsehen – es waren wirklich drei Planken los.

3. Literaturverzeichnis

Beckmann, Paul (Hrsg.): Richard Wossidlo: Reise, Quartier in Gottesnaam. Das Seemannsleben auf den alten Segelschiffen im Munde alter Fahrensleute. Carl Hinstorffs Verlag. Rostock 1952. 318 Seiten.

Blunck, Hans Friedrich (Hrsg.): Ostseesagen. Husum Verlagsgesellschaft. Husum 1989. 208 Seiten.

Burkhardt, Albert (Hrsg.): Vineta. Sagen und Märchen vom Ostseestrand. Hinstorff Verlag. Rostock 1969. 395 Seiten.

Buss, Reinhard Johannes: The Klabautermann of the Northern Seas. An Analysis of the Protective Spirit of Ships und Sailors in the Context of Popular Belief, Christian Legend, and Indo-European Mythology. In: University of California Publications. Folklore Studies: 25. University of California Press. Berkeley and Los Angeles 1973. 138 + 10 Seiten.

Christian, August: Von Kobolden, Schiffs- und Hausgeistern. In: Frahm, Ludwig (Hrsg.): Norddeutsche Sagen von Schleswig-Holstein bis zum Harz. Verlag von A. C. Reher. Altona und Leipzig 1890. 303 Seiten. S. 221–230.

Diederichs, Ulf und **Hinze**, Christa (Hrsg.): Norddeutsche Sagen. Schleswig-Holstein, Friesland und seine Inseln, die Hansestädte Bremen, Hamburg und Lübeck. Ullstein Verlag. Berlin 1986. 288 Seiten.

Gerndt, Helge: Fliegender Holländer und Klabautermann. In: Schriften zur Niederdeutschen Volkskunde. Bd. 4. Göttingen 1971. 264 Seiten.

Hahn, Eduard: Klabautermann. In: Zeitschrift des Vereins für Volkskunde Berlin 21 1911 Seiten 178–179.

Harmel, Siegfried: Der sagenhafte Klabautermann. Verlag Books on Demand. Norderstedt 2008. 176 Seiten.

Heims, Paul Gerhard: Seespuk. Aberglauben, Märchen und Schnurren. In Seemannskreisen gesammelt und bearbeitet von P. G. Heims. Ferdinand Hirt & Sohn. Leipzig 1888. 208 + 8 Seiten.

Jahn, Ulrich: Volkssagen aus Pommern und Rügen. Gesammelt und hrsg. von Ulrich Jahn. Verlag H. Dannenberg. Stettin 1886. 541 + 27 Seiten.

Jensen, Christian: Zwergsagen aus Nordfriesland. In: Zeitschrift des Vereins für Volkskunde 2 1892 Seiten 407–418.

Johansen, Christian: Erzählungen des alten Besenbinders Jan Drefsen. In: Christian Johansen: Die nordfriesische Sprache nach der Föhringer und Amrumer Mundart. Wörter, Sprichwörter und Redensarten nebst sprachlichen und sachlichen Erläuterungen und Sprachproben. Akademische Buchhandlung. Kiel 1862. 286 + 8 Seiten. S. 218–281.

Karlinger, Felix und **Wolf,** Regine: Norditalienische Sagen. Hrsg. und übersetzt von Felix Karlinger und Regine Wolf. Erich Schmidt Verlag. Berlin 1978. 198 Seiten.

Kunze, F.: Der Klabautermann als Schiffsgeist. In: Heimat, Kiel 1903 S. 130–135.

Loorits, Oskar: Der norddeutsche Klabautermann im Ostbaltikum. Gelehrte Estnische Gesellschaft 1929. In: Sitzungsberichte der Gelehrten Estnischen Gesellschaft. Tartu 1931. Seiten 76–125.

Maurer, Konrad: Isländische Volkssagen der Gegenwart. Vorwiegend nach mündlicher Überlieferung gesammelt und verdeutscht von Konrad Maurer. J. C. Hinrichs'sche Buchhandlung. Leipzig 1860. 352 + 12 Seiten.

Müllenhoff, Karl Victor: Sagen, Märchen und Lieder der Herzogtümer Schleswig-Holstein und Lauenburg. Hrsg. von Karl Müllenhoff. Schwerssche Buchhandlung. Kiel 1845. 619 + 54 Seiten.

Müller, Conrad: Der Klabautermann in Sage und Dichtung. In: Germanische Erinnerungen. Der Alma Mater Vratislaviensis zum Jubelstrauß gebunden. Schall und Rentel. 220 Seiten. Berlin 1911. Seite 91–99.

Philippsen, Heinrich : Sagen und Sagenhaftes der Insel Föhr. Gesammelt von H. Philippsen. Verlag H. Lühr & Dirks. Garding 1911. 80 Seiten.

Roder, Franz: Von der Sprache der Seeleute. Eine unterhaltsame Unterrichtung. Verlag Die Brigantine Luise F. Dulk. Hamburg 1973. 208 Seiten.

Wiese, Eigel: Meeresungeheuer, Geisterschiffe und der Klabautermann. Aberglaube und seltsame Begebenheiten auf den Meeren. Historika Photoverlag. Hamburg 1995. 96 Seiten.

Worm, Fritz: Mönchgauder Spaukgeschichten. Allerhand Döntgens von`n Drak und Puk, von de Unnerirdschen, den Nachtjäger usw. vertellt von Fritz Worm. Verlag F. Bärwolf. Greifswald 1898. 36 Seiten.

Wossidlo, Richard: Reise, Quartier in Gottesnaam. Das Seemannsleben auf den alten Segelschiffen im Munde alter Fahrensleute. Bd. II. Carl Hinstorff Verlag. Rostock 1943. 280 Seiten.

Wossidlo, Richard: Reise, Quartier in Gottesnaam. Das Seemannsleben auf den alten Segelschiffen im Munde alter Fahrensleute. Carl Hinstorffs Verlag. Rostock 1951. 317 Seiten.

Über den Autor

Siegfried Harmel wurde 1945 in Stralsund geboren. Nach dem Abitur, einer Lehre als Schiffsschlosser und dem Lehramtsstudium war er in der sportwissenschaftlichen Forschung und Lehrerausbildung tätig. Seine von 1974 bis 1986 veröffentlichten Bücher befassen sich deshalb auch ausschließlich mit pädagogischen und sportwissenschaftlichen Themen.

Der selbstständige Unternehmer und freiberufliche Autor lebt seit 1989 an der Mosel.

2009 erschien von ihm „Das total andere Buch über Küchenkräuter", 2011 „Das etwas andere Buch über Küchenkräuter"; beide im Krone-Verlag Lünen/Westfalen.

Der von Siegfried Harmel 2005 in Stralsund gegründete „Klabautermann-Club für Deutschland" (www.klabautermann-club.de) will die ethnologisch wertvollen Überlieferungen um den ambivalenten Schiffsgeist bewahren. Dieser Aufgabe dienen bereits seine Bücher

„Sagen vom Klabautermann"
(Hinstorff Verlag, Rostock 2008),

„Der sagenhafte Klabautermann"
(Verlag Books on Demand, Norderstedt 2008),

„Klabautermann – Sagen und Gedichte –"
(Verlag Books on Demand, Norderstedt 2009),

„Klabautermann – Sagen und Gemälde –"
(Verlag Books on Demand, Norderstedt 2010)

sowie die 2011 in unserem Verlag gestartete Reihe
"Kulturhistorische Betrachtungen des Klabautermanns" mit den Einzeltiteln:

Erstes Bändchen:
Grundlegendes zur Figur des Klabautermanns sowie die „beschreibenden Klabautermann-Sagen" mit Gesamt-Vorwort zur Reihe

Zweites Bändchen:
Die sprachliche Herkunft des Namens „Klabautermann" sowie die Erzählsagen der Gruppe „Der Klabautermann als Vorzeichen"

Drittes Bändchen:
Einordnung der Klabautermannfigur in die Reihe der Sagengestalten sowie die Erzählsagen der Gruppe „Der Klabautermann enthüllt Fehler" mit einem Exkurs „Sagen von Zwergen"

Viertes Bändchen:
Die Verbreitung der Klabautermann-Sage an sich, das System der einzelnen Sagen vom Klabautermann sowie die Erzählsagen der Gruppe „Der Klabautermann hilft"

Fünftes Bändchen:
Vorläufer und Herkunft des Klabautermanns, Klabautermann und Fliegender Holländer sowie die Erzählsagen der Gruppe „Der Klabautermann straft"

Sechstes Bändchen:
Die „Entstehung" eines Klabautermanns, sein Eindringen ins Schiff und seine häufigsten Aufenthaltsorte sowie die Erzählsagen der Gruppe „Dem Klabautermann wird zugeschrieben" mit einem Exkurs in die belletristische Klabautermann-Literatur

Siebentes Bändchen:
Das äußere Erscheinungsbild des Klabautermanns sowie die Dialogsagen der Gruppe „Szene zwischen einem Klabautermann und einem Menschen"

und dem hier vorliegenden **Achten Bändchen**.

Theo von Taane

Bowling 2 in 1
Tacticboard & Training Workbook

The 2 in 1 Tacticboard & Training Workbook for fast creation of coaching instructions/game tactics and schemes, doesn't only offer sport specific preprints (playing field and space for notes), but also a cover, usable as a dry erase panel (whiteboard pen is needed).

ADVANTAGES:
- notebook with sport specific preprints (playing field) for fast and simple sketching of coaching instructions/game tactics and schemes

- If all pages of the notebook are used, the cover is still a dry erase panel (tacticboard)

- Due to a handy format, the notebook can be comfortably used in any situation (e.g. on the way or on the playing field)

- Perfect for spontaneous collection of ideas or as a memorization tool

- Practical handling due to easy pocket format

Bibliografische Information der Deutschen Nationalbibliothek:
Die Deutsche Nationalbibliothek verzeichnet diese Publikation in der Deutschen Nationalbibliografie; detaillierte bibliografische Daten sind im Internet über http://dnb.dnb.de abrufbar.

© 2016 Theo von Taane; 2. Auflage

Texte und Illustrationen: **Theo von Taane**

Herstellung und Verlag: BoD – Books on Demand, Norderstedt

ISBN: 9783734749698